석유가 뚝!

담이와 함께하는 미래 에너지 탐험
석유가 뚝!

초판 1쇄 발행 2007년 8월 15일
개정판 1쇄 발행 2022년 6월 1일 **개정판 5쇄 발행** 2025년 5월 10일
글쓴이 신정민 **그린이** 김주리

펴낸이 이영선
편집 이일규 김선정 김문정 김종훈 이민재 이현정
디자인 김회량 위수연
독자본부 김일신 손미경 정혜영 김연수 김민수 박정래 김인환
펴낸곳 파란자전거 **출판등록** 1999년 9월 17일(제406-2005-000048호)
주소 경기도 파주시 광인사길 217(파주출판도시) **전화** (031)955-7470 **팩스** (031)955-7469
홈페이지 www.paja.co.kr **이메일** booksea21@hanmail.net

ⓒ 신정민·김주리, 2007
ISBN 979-11-92308-06-7 74400
　　　979-11-92308-05-0 (세트)

파란자전거는 도서출판 서해문집의 어린이 책 브랜드입니다. 페달을 밟아야 똑바로 나아가는 자전거처럼
파란자전거는 어린이와 청소년이 혼자 힘으로도 바르게 설 수 있도록 도와줍니다.

어린이제품안전특별법에 의한 제품 표시
제조자명 파란자전거 **제조국** 대한민국 **사용연령** 10세 이상 어린이 제품
▲ **주의** 책의 모서리가 날카로우니 던지거나 떨어뜨려 다치지 않도록 주의하세요.
KC 마크는 이 제품이 공통안전기준에 적합하였음을 의미합니다.

| 글쓴이의 말 |

이 세상에 석유가 없다면

어느 날, 뉴스를 진행하는 사회자가 말합니다.
"여러분, 큰일 났습니다! 온 세상에 석유가 뚝 떨어졌습니다! 이제 더 이상 땅속에서 석유를 한 방울도 퍼 올릴 수 없게 됐습니다."
만약 정말로 이런 일이 일어난다면 어떻게 될까요? 커다란 쌀통에서 매일매일 한 움큼씩 퍼서 밥을 짓던 쌀이 뚝 떨어지듯 말입니다.
아마도 이렇게 갑자기 석유가 떨어지면 하늘의 비행기도 더 이상 날 수 없고, 땅 위의 자동차도 달릴 수 없을 것입니다. 그뿐인가요? 석유에서 뽑아낸 성분으로 만든 옷도 입을 수 없고, 장난감이나 학용품 등 플라스틱으로 만든 제품도 쓸 수 없게 되겠지요. 또 우리가 편리하게 쓰는 전기도 대부분 석유나 석탄 따위를 태워서 만들어 내는 것이니, 전기 역시

뚝 끊기겠죠. 그러면 컴퓨터도 켤 수 없고 텔레비전도 볼 수 없고, 온갖 가전제품을 쓸 수 없게 될 테고요.

 석유는 자동차를 굴러가게 하거나 집 안을 따뜻하게 해 주는 연료가 될 뿐 아니라 합성 세제, 약, 접착제, 화장품 등 우리에게 필요한 거의 모든 물품을 만드는 데 꼭 필요한 재료입니다. 물론 그런 제품을 만드는 기계의 연료도 되고, 그런 제품을 실어 나르는 비행기와 배, 자동차를 움직이게도 하지요. 이처럼 석유는 쓰임이 많고 귀중하기 때문에 '검은 황금'이라는 별명까지 얻었습니다.

 '쳇, 그런 석유가 도대체 왜 떨어진다는 거야?'

혹시 이렇게 생각하는 어린이도 있을지 모릅니다. 하지만 실제로 몇십 년 뒤에는 전 세계의 석유가 바닥난다고 해요. 땅속에 묻혀 있는 석유의 양은 한정되어 있거든요. 게다가 전 세계 사람들이 쓰는 석유의 양은 점점 더 늘어나고 있지요.

이렇게 석유의 양은 정해져 있고 그 쓰임은 날로 늘고 있기 때문에 온갖 골치 아픈 일들이 일어납니다. 석유가 나오는 나라에서 값을 올리면, 우리처럼 석유가 나오지 않는 나라는 어쩔 수 없이 더 큰돈을 내고 사야 하지요. 그래서 석유를 이용해 만드는 물건의 값이 덩달아 오르게 되고 모든 사람들의 생활비가 줄줄이 늘어나서, 결국은 나라 경제가 어려워지게 됩니다.

또 석유를 태울 때 생겨나는 안 좋은 물질 때문에 공기와 물이 오염되고 동식물이 자꾸 멸종될 뿐 아니라, 해마다 이곳저곳에서 기상 이변이 일어나게 됩니다. 게다가 석유가 나오는 땅을 차지하기 위해 나라와 나라 사이에 전쟁이 일어나기도 하지요.

"아아, 골치 아파! 이런 문제를 도대체 어떻게 해결해야 하는 거야?"

이런 외침이 저절로 나오지요? 하하, 그렇다고 너무 걱정하지 마세요. 지금 전 세계의 수많은 학자들과 전문가들이 바로 이 문제 때문에 궁리하고 있으니까요.

이 책의 주인공 담이 역시 실제로 석유가 뚝 떨어지고, 전기가 뚝 끊겨 몹시 불편한 일을 겪은 뒤, 이런 문제에 관해 곰곰이 생각하게 됩니다. 고민 고민하다가 꿈속에서 외계인과 만나기까지 하지요. 다행히 외계인과 이런저런 재미있는 일을 겪으며 많은 이야기를 나누게 되고 그 속에서 해답을 찾게 된답니다.

　자, 이제 여러분이 고민하고 해답을 찾아볼 차례예요. 과연 담이는 무엇을 알고 깨닫게 되었는지, 우리는 석유를 아껴 쓰고 소중한 환경을 보호하기 위해 어떻게 해야 하는지, 이야기 속으로 함께 들어가 볼까요?

고래글방에서　신정민

 차례

글쓴이의 말
이 세상에 석유가 없다면 • 4

1 **석유야 나와라!** • 10
✦ 연료가 필요해! • 26
✦ 화석 연료의 최대 강자, 석탄과 석유 • 30
✦ 석탄과 석유가 우리 생활을 확 바꿨어요! • 32

2 **전기가 뚝!** • 34
✦ 우리 생활에 꼭 필요한 전기 • 42
✦ 전기는 어떻게 만드나요? • 44

3 여기도 석유, 저기도 석유! • 46
- ✦ 검은 황금, 석유 • 58
- ✦ 돌고 도는 석유 • 60
- ✦ 종류도 가지가지, 여러 가지 석유 • 62
- ✦ 석유가 점점 줄고 있어요 • 64

4 석유 전쟁 • 66
- ✦ 석유가 무서워요 • 76
- ✦ 하나뿐인 지구가 아파요 • 78

5 건강한 지구, 우리가 만들어요! • 80
- ✦ 새로운 에너지를 찾아라! • 92
- ✦ 세계가 하나 돼요 • 94

주말을 맞아 시골 할머니 댁에 간 담이네 가족.

어, 그런데 할머니네 집이 왜 이렇게 춥죠?

덜덜덜, 가만히 있어도 이가 딱딱 부딪치네요.

보일러실에 갔다 오신 할머니 왈, 기름이 뚝 떨어졌다나요!

엎친 데 덮친 격으로 눈이 너무 많이 와서

기름을 배달해 줄 수도 없다고 하고요.

그날 밤, 식구들은 이불을 산더미처럼 푹 덮고

꼭꼭 껴안은 채 겨우 잠을 잤습니다.

이튿날 아침, 모두들 보일러를 돌려 달라며 구시렁대자

아빠가 멋진 생각을 했는데요,

과연 담이네 식구들은 어떻게 이 어려움을 극복할까요?

"야호!"

"오호!"

"이야호!"

담이는 온 산에 쩌렁쩌렁 메아리가 울리도록 소리를 질렀다. 연휴가 낀 주말을 맞아 시골 할머니 댁에 놀러 온 담이와 금이는 강아지 깜이를 데리고 마을 뒷산에서 눈썰매를 탔다.

겨우 비료 포대를 깔고 앉아 타는 것이었지만, 근사한 시설을 갖춘 눈썰매장보다 열 배 백 배 스릴 넘치고 신이 났다.

그렇게 얼마나 눈썰매를 탔을까? 온몸에 땀이 흠뻑 배고, 엉덩이는 차가운 눈에 젖어 떨어져 나갈 듯 얼얼했다.

"오빠, 집에 가서 뭣 좀 먹고 다시 놀자."

여동생 금이는 3학년인데, 통통한 몸집에다 먹보 대장이란 별명답게 입만 열면 먹는 것 타령이다. 하긴 어찌나 정신을 빼고 놀았는지 담이도 좀 출출하긴 했다.

집으로 돌아가자 할머니가 깜짝 놀라며 담이와 금이를 얼른 난로 옆에 앉혔다.

"어이구, 이 녀석들아. 이러다 동상이라도 걸리면 어쩔 거여?"

할머니는 서둘러 난로에 불을 지피고 양말이며 장갑, 목도리를 벗겨 말려 주었다. 따뜻한 난롯가에서 불을 쬐니, 꽁꽁 얼었던 몸이 스르르 녹는 것만 같았다. 거기다 할머니가 구워 준 밤이랑 고구마를 먹고 나니 깜빡깜빡 졸음이 왔다.

"우아! 눈이다, 눈!"

갑자기 금이가 펄쩍펄쩍 뛰며 소리를 질렀다. 깜짝 놀란 담이가 번쩍 깨어 밖을 내다보니, 정말 큼직한 눈송이들이 온 세상을 뒤덮을 듯 펑펑 쏟아지고 있었다.

"아싸, 그럼 이제부터 후반전을 시작해 볼까나?"

담이는 또다시 눈썰매를 타러 가려고 양말이랑 장갑을 주섬주섬 챙겼다. 그때 안방에서 텔레비전을 보던 아빠가 와서 머리를 꽁 쥐어박았다.

"이 녀석아, 후반전은 무슨 후반전이야! 지금 대설 주의보가 내리고, 오늘 오후부터 날씨가 확 추워진댔단 말이야."

"대설 주의보? 그게 뭔데요?"

"어휴, 눈이 너무 많이 와서 사람들한테 조심해야 한다고 알려 주는 거야. 지금 나가서 함부로 돌아다니다간 눈 속에 파묻혀 버릴 수도 있다니깐. 아니면 감기에 된통 걸릴 수도 있고."

결국 담이랑 금이는 눈썰매를 포기하고, 아빠와 함께 마당에서 눈사람을 만들었다.

"와우, 정말 큰걸!"

"아마 우리가 만든 눈사람이 세상에서 제일 클 거야."

담이와 금이는 신나서 또다시 씩씩거리며 눈덩이를 굴리기 시작했다. 하지만 두 번째 눈사람이 채 완성되기도 전에 모두 집 안으로 들어오고 말았다. 날씨가 추워진다더니 정말로 코가 맵도록 쌀쌀했다. 게다가 바람까지 쌩쌩 불어서 오싹한 기운이 몸속 깊이 파고드는 것만 같았다.

"덜덜덜. 이러다 코에 고드름 생기겠다."

"으으, 할 수 없지 뭐."

담이와 금이는 일찌감치 저녁을 먹고는 건넌방 텔레비전 앞에 멀뚱멀뚱 앉아 있었다.

담이는 시골에 오면 다 괜찮은데, 딱 두 가지가 불만이었다. 하나는 바깥에서 노는 것 말고는 딱히 할 만한 게 없다는 거였다. 컴퓨터도 없지, 어쩌다 아빠 노트북을 가져와도 인터넷이 안 되지, 게다가 텔레비전은 겨우 세 채널밖에 안 나왔다.

그리고 또 하나는 먹는 거다. 담이는 치킨이나 피자를 좋아하는데 할머니네 동네엔 배달해 주는 곳이 단 한 군데도 없었다. 밥 먹을 때는 늘 김치에다 된장찌개, 젓갈, 장아찌, 나물 따위가 고작이고, 간식이라곤 밤이랑 고구마랑 곶감이 전부였다.

그런데 이날은 한 가지 불만이 더 있었다. 날씨가 아무리 추워도 그렇지, 방 안에 있는데도 입김이 훨훨 나오는 데다 내복을 입고서도 오들오들 몸이 떨렸다.

"하, 할머니. 너무 추워요, 덜덜덜."

담이가 건넌방에 앉아 이를 딱딱 부딪치며 말하자 안방에 있던 엄마 아빠도 방바닥을 만져 보며 말했다.

"어머님, 그러고 보니 아까부터 왠지 방바닥이 차가워지고 있는 것 같아요."

그제야 할머니는 보일러실에 가서 기름을 확인하고는 깜짝 놀랐다.

"어이구, 이런! 기름이 뚝 떨어졌네. 미리 석유를 넣는다는 걸 깜빡했구먼. 이런 정신하고는……."

아빠는 보일러에 붙어 있는 스티커를 보고 서둘러 전화를 걸었다. 하지만 벌써 날이 깜깜해져서 문을 닫았는지 잘 받지 않았다. 게다가 어쩌다 통화가 된 곳도 기름을 가져다줄 수 없다고 했다. 그새 눈이 너무 많이 와서 길이 완전히 덮여 버렸고, 그런 시골길을 유조차가 왔다 갔다 하기엔 너무 위험하다는 것이었다.

"허허 참, 이를 어쩌나?"

아빠는 식구들을 모두 안방으로 불러 모으고는 난로를 가져다 불을 지폈다. 하지만 난롯불도 시커먼 그을음을 내더니 금세 꺼져 버리고 말았다. 아까 낮에 담이랑 금이 옷을 말리려고 한참 동안 켜 두어서 기름이 바닥난 모양이었다.

그때 문득 담이 머릿속에 기가 막힌 아이디어가 떠올랐다.

"아빠, 우리 차에 있는 기름을 갖다 넣으면 되잖아요!"

담이가 자랑스럽게 말했지만 아빠는 고개를 저었다.

"왜요? 둘 다 똑같은 석유 아니에요?"

"그렇긴 하지. 근데 좀 차이가 있어."

아빠는 입가에 살짝 웃음을 띠며 설명해 주었다. 석유에는 휘발유, 경유, 등유, 중유 등 여러 가지가 있는데, 자동차에는 휘발유나 경유를 넣고 보일러에는 등유를 넣는다는 것이었다. 만약 등유를 넣어야 할 곳에 휘발유를 넣는다면, 금세 고장이 나거나 펑 하고 폭발할 수도 있다고 했다.

"에이, 좋다 말았네. 으, 추워. 덜덜덜."

"내가 꼭 흔들이 인형이 된 것 같아요. 달달달."

입술이 새파래진 담이랑 금이는 오들오들 떨었다. 식구들은 두꺼운 이불을 산더미처럼 푹 덮고서 서로서로 꼭꼭 껴안은 채 그날 밤을 보내야 했다.

석유가 뚝 떨어지니까 방에 보일러를 켤 수도 없고, 난로를 지필 수도 없고, 따뜻한 물로 세수를 할 수도 없었다. 다행히 부엌의 가스레인지는 통에 들어 있는 가스를 사용하는 것이라 밥은 해 먹을 수 있었다. 할머니 말씀이, 얼마 전만 해도 석유풍로에 밥을 지어야 했으니까 하마터면 쫄쫄 굶어야 했을 거라나?

"휴, 오늘은 또 어떻게 이 추운 방에서 지내야 하나?"

다음 날 아침부터 담이가 잔뜩 인상을 찌푸린 채 구시렁거리자, 아빠가 무릎을 탁 치며 할머니께 물었다.

"아 참, 어머니! 저기 저 흙방 아궁이에 불 지필 수 있어요?"

할머니 댁 마당 한쪽에는 낡고 허름한 흙집 한 채가 있었다. 할머니는 고개를 끄덕였다.

"그랴, 지필 수는 있지. 아궁이를 아직 살려 뒀으니깐. 하지만 서울 사람들이 불편해서 어디 쓸 수 있으려나? 치우지 않아서 지저분하기도 하고……."

"어휴, 불편하긴요. 요즘 찜질방은 일부러 흙방처럼 만드는데요."

아빠는 신나서 마당 구석에 있던 땔감 몇 개를 주워 들고는 흙방 부

엌으로 달려가 불을 지피기 시작했다. 그동안 할머니랑 엄마는 방 안을 말끔하게 정리해 두셨다.

"쿨럭쿨럭! 아이고, 매워라. 켁켁!"

담이랑 금이가 부엌으로 가 보니, 아빠는 아궁이에 불을 지피느라 눈물 콧물 범벅이었다.

"아빠, 왜 우세요?"

"아이고, 말도 마라. 나무가 다 젖어서 제대로 타지를 않네. 연기만 나고……. 켁켁!"

"욱! 정말 부엌에 연기가 가득 찼어요."

결국 아빠랑 담이와 금이는 매운 연기에 쫓겨 부엌에서 뛰쳐나오고

말았다.

"이런, 이런! 저쪽 헛간에 마른 땔나무가 잔뜩 쌓여 있는데, 그걸 태웠어야지."

눈물 콧물을 닦아 내느라 정신없는 아빠를 보고 할머니가 안쓰러운 표정을 지으며 말씀하셨다.

"어휴 참, 어머닌……. 진작 말씀해 주시지 않고."

그러자 할머니가 혀를 끌끌 차셨다.

"쯧쯧, 지난가을에 내가 나무해서 쌓아 놓는 거 못 봤남? 그땐 뭐 하러 쓸데없이 고생하느냐고 핀잔주더니만……."

"아, 그랬죠."

그제야 지난가을 일이 떠오른 아빠는 냉큼 헛간으로 가서 잘 마른 장작을 한 아름 들고 나왔다. 그러고는 다시 부엌 아궁이로 가서 불을 지피기 시작했다. 먼저 종이에 불을 지핀 뒤 가느다란 나뭇가지를 골라 좀 더 불을 키우고, 그다음 큰 장작들을 집어넣으니 타닥타닥 소리를 내며 훨훨 잘 타올랐다.

"야, 오래된 아궁이지만 아직 쓸 만하네."

아빠는 굵은 장작을 몇 개 더 집어넣고는 훅훅 바람을 불어 넣었다.

"아니, 왜 자꾸 바람을 불어 넣어요?"

옆에서 보던 담이가 묻자 금이도 고개를 갸우뚱했다.

"맞아요, 바람을 훅훅 불면 불이 다 꺼지지 않나?"

아빠는 빙긋 웃으며 고개를 저었다.

"천만에. 불이 활활 잘 타오르려면 이렇게 자꾸 공기를 넣어 주어야 한다고. 불은 장작과 공기를 함께 태우는 거거든."

아궁이 앞에 옹기종기 모여 앉아 이야기를 나누다 보니, 꽁꽁 얼었던 몸이 언제 그랬냐는 듯 스르르 녹았다. 게다가 할머니가 고구마를 갖다주셔서, 담이랑 금이는 따뜻한 흙방 아랫목에 앉아 맛있는 군고구마를 실컷 먹을 수 있었다.

"히히, 이제야 좀 살 만한걸."

"꼭 찜질방에 온 기분이야."

담이와 금이는 시커메진 입가를 바라보며 깔깔깔 웃기도 하고, 흙방 아랫목이 너무 뜨거워서 이리저리 팔짝팔짝 뛰어다니기도 했다. 지난밤엔 석유가 뚝 떨어져 추운 방에서 오들오들 떨며 자야 했지만, 허름한 흙방 아궁이에 불을 지피니 아파트보다도 훨씬 따뜻했다.

점심때는 할머니가 흙방 아궁이에 있는 가마솥에다 밥을 지어서 푸짐한 밥상을 차려 주셨다.

"와, 몇 년 만에 먹어 보는 가마솥 밥이냐!"

아빠는 윤기가 자르르 흐르는 밥을 보고는 환호성을 질렀다.

'가마솥에 지은 밥이 그렇게 맛있나?'

담이는 고개를 갸우뚱했지만, 한 숟가락 떠서 입에 넣고 보니 저절로 눈이 동그래졌다.

"우아, 밥이 진짜 입에서 사르르 녹네."

정말이지, 특별한 반찬 없이도 밥이 꿀꺽꿀꺽 잘 넘어갔다.

꿀맛 같은 점심을 먹고 난 뒤, 이제 서울 집으로 올라가야 할 시간이었다. 하지만 흙방 아랫목에서 군고구마, 군감자, 군밤 까먹는 재미에 푹 빠진 담이와 금이는 좀처럼 엉덩이를 들 수가 없었다.

"엄마 아빠, 하루만 더 있다 가면 안 돼요?"

"딱 하루만 더요, 네?"

이렇게 해서 담이네 가족은 할머니 댁에서 하룻밤 더 묵게 되었다. 다행히 눈이 많이 녹아서 보일러 기름이 배달되었지만, 담이네 가족은 일부러 흙방에 장작을 피우고 잠을 잤다. 뜨끈뜨끈한 방바닥에서 자서 그런지, 아침에 일어나니 다른 때보다 훨씬 더 기분이 상쾌했다.

그날 오후, 담이네 가족은 아궁이에서 구운 고구마를 한 아름 싸 들고는 떨어지지 않는 발걸음을 겨우 돌려 서울로 향했다.

연료가 필요해!

에취, 아이고, 추워라! 석유가 뚝 떨어지니 정말 눈앞이 캄캄하네요. 춥고 배고프고 난리가 아니죠?
옛날 옛적 사람들은 가스도 석유도 없이 어떻게 살았을까요?
사람들은 언제부터 석유를 이용했을까요?

히히, 뜨끈뜨끈 맛있다!

인류는 약 79만 년 전에 불을 발견했어요. 연장을 만들기 위해 돌을 부딪치다가, 혹은 산불이 나서 우연히 발견하게 되었지요. 불을 발견한 뒤 사람들의 생활은 확 달라졌어요. 동물의 위협으로부터 자신을 보호하고 사냥을 잘하게 되었어요. 음식도 익혀 먹게 되었고요. 또 흙을 구워 그릇을 만들고 철을 녹여 도구를 만들어 쓰게 되었지요. 이곳저곳 자유롭게 다닐 수 있게 되기도 했고요. 이렇게 해서 인류의 터전은 점점 넓어지고 문명이 발달하기 시작했답니다.

요즘도 캠프 가서 야영할 때면 장작을 모아 놓고 불을 피우지요?
옛날 원시 시대 사람들은 나무로 불을 피워 추위를 이기고 음식도
해 먹었어요. 나무는 어디서나 쉽게 구할 수 있었기 때문에
사람들이 가장 많이 쓰는 연료가 되었지요. 그뿐인가요?
집을 짓거나 종이를 만드는 데도 쓰이기 때문에 사람들은
마구마구 나무를 베었고 숲은 점점 벌거숭이가 되어 버렸지요.

사람들은 나무를 대신할 수 있는 새로운 연료 '석탄'을 발견했어요. 기록에 따르면, 기원전 315년 이탈리아에서 최초로 석탄을 사용했다고 해요.
또 이탈리아의 상인 마르코 폴로가 쓴 《동방견문록》(1298년)에는 중국 사람들이 '검은 돌'을 태워서 사용한다고 나와 있어요.
그 후 18세기 산업 혁명을 거치면서 전 세계적으로 석탄이 널리 쓰이게 되었지요.

화석 연료의 최대 강자, 석탄과 석유

석탄이나 석유는 지질 시대에 만들어졌기 때문에 '화석 연료'라고 불러요. 지질 시대란 지구의 겉껍질인 지각이 만들어진 약 38억 년 전부터 인류의 역사가 시작된 약 1만 년 전까지의 기간을 말하지요. 이처럼 까마득히 오래전에 살았던 동물이나 식물이 땅속에 묻혀 높은 열과 압력을 받으면서 화석 연료가 만들어진답니다.

나무와 같은 식물이 흙과 모래 속에 쌓이고 쌓여요. 땅속에 묻힌 식물들은 흙 속에 있는 작은 세균에 의해 점차 탄소 성분만 남게 되고, 시간이 지나면서 흙과 모래의 엄청난 무게에 짓눌리고 열을 받아 석탄이 됩니다.

석탄과 석유가 우리 생활을 확 바꿨어요!

새로운 연료 석탄은 산업 혁명을 일으키는 힘이 돼요. 많은 양의 석탄을 옮기기 위해 배가 지나다닐 수 있는 물길, 즉 운하가 생기게 되지요. 또 석탄을 연료로 하는 증기 기관차가 다니게 되면서 사람들은 물론, 여러 가지 물품을 쉽게 이동하거나 운반할 수 있게 되고요. 그뿐인가요? 석탄을 연료로 하는 기계들이 생겨나면서, 그 전까지 손으로 하나하나 만들어야 했던 물건을 기계로 한꺼번에 만들 수 있게 되고 공장이 곳곳에 생기지요. 이렇듯 석탄을 이용하게 되면서 사회에 큰 변화가 일어나고, 그에 따라 사람들의 생활이 바뀌게 되었답니다.

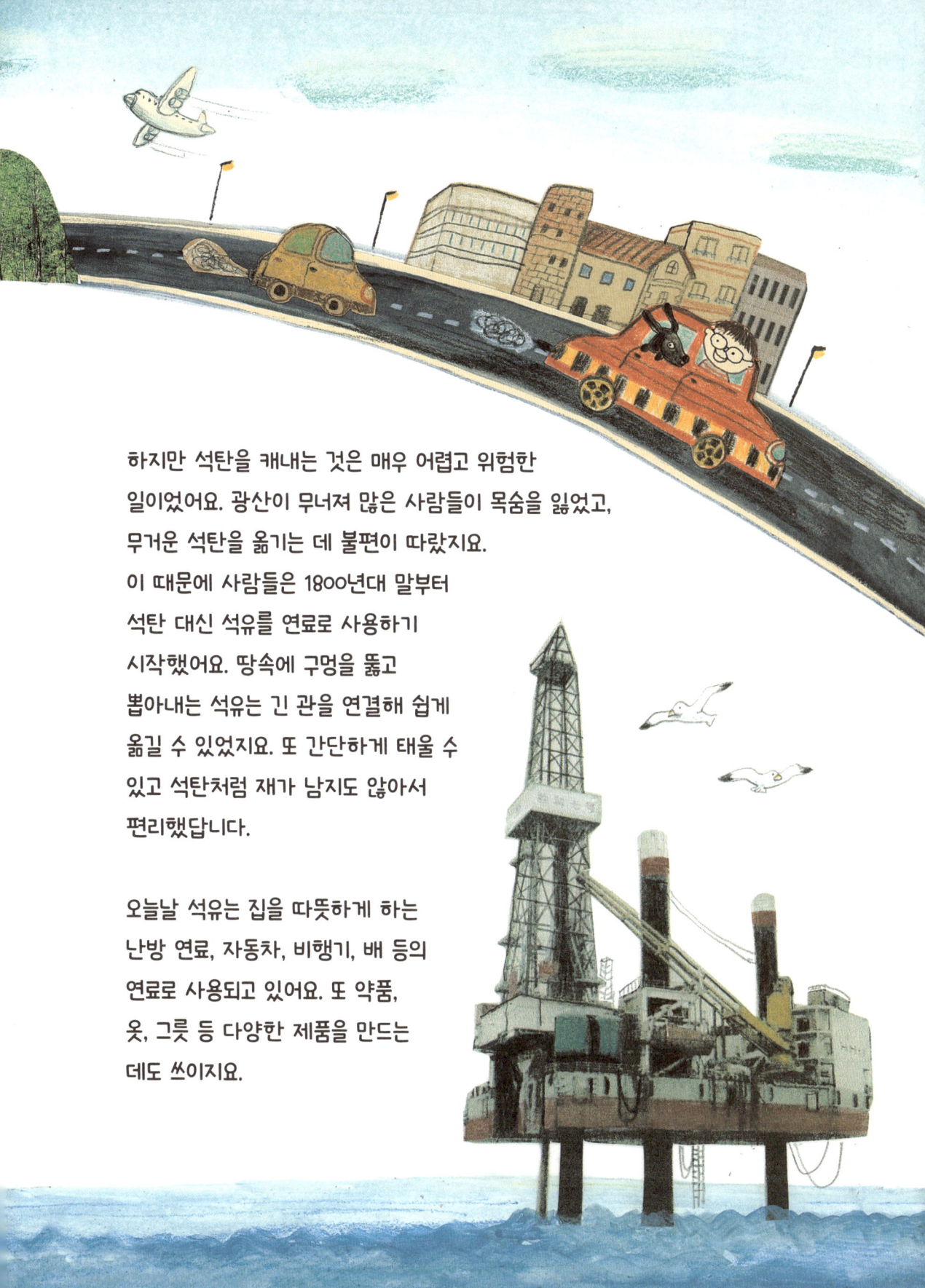

하지만 석탄을 캐내는 것은 매우 어렵고 위험한 일이었어요. 광산이 무너져 많은 사람들이 목숨을 잃었고, 무거운 석탄을 옮기는 데 불편이 따랐지요. 이 때문에 사람들은 1800년대 말부터 석탄 대신 석유를 연료로 사용하기 시작했어요. 땅속에 구멍을 뚫고 뽑아내는 석유는 긴 관을 연결해 쉽게 옮길 수 있었지요. 또 간단하게 태울 수 있고 석탄처럼 재가 남지도 않아서 편리했답니다.

오늘날 석유는 집을 따뜻하게 하는 난방 연료, 자동차, 비행기, 배 등의 연료로 사용되고 있어요. 또 약품, 옷, 그릇 등 다양한 제품을 만드는 데도 쓰이지요.

쪼르르 컴퓨터 앞으로 달려가 게임 삼매경에 빠진 담이.

그런데 갑자기 '펑!' 하는 소리가 나더니 온 세상이 깜깜해졌네요.

으윽, 석유가 뚝 떨어졌던 악몽을 겪은 지 이틀 만에

전기가 뚝 끊겼지 뭐예요.

손전등 하나를 켜 놓고 모여 앉은 식구들

이리 쿵 저리 쿵 난리가 아닙니다.

"휴, 전기가 나가는 것보단 석유가 떨어지는 게 훨씬 낫겠다."

볼멘소리를 내뱉자 아빠가 놀라운 사실을 알려 줍니다.

"따지고 보면 전기도 석유로 만드는 거야!"

헉, 석유로 전기를 만들다니, 대체 무슨 말일까요?

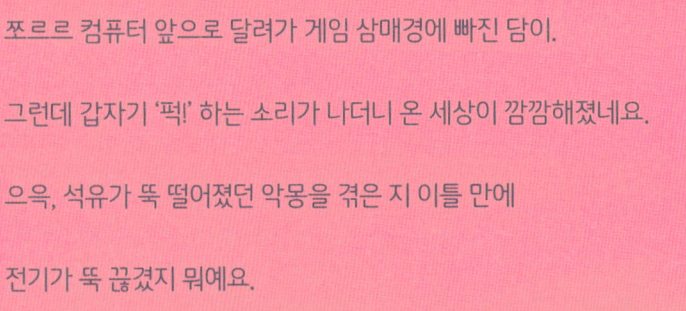

2

"아, 역시 집이 최고라니까!"

집에 온 담이는 훌렁훌렁 옷을 벗어 던지고 뜨끈한 물로 기분 좋게 목욕을 했다.

담이네 집엔 도시가스가 들어오기 때문에 기름이 떨어질 일도 없고, 할머니네 집처럼 내복까지 껴입지 않아도 무척 따뜻했다. 창밖에는 여전히 찬 바람이 쌩쌩 불고 있었지만, 얇은 반바지만 입고 강아지 깜이랑 이 방 저 방을 팔짝팔짝 뛰어다녔다.

"담이야, 너 언제까지 그렇게 정신없이 놀기만 할래? 내일 월요일이라 학교 가야 하는데 숙제 안 할 거야?"

저녁이 다 되어 갈 무렵 엄마가 말했다.

"참, 그렇지!"

하지만 막상 책상 앞에 앉고 보니, 컴퓨터를 켜고 싶어서 손이 근질근질했다.

'그래, 며칠 동안 게임을 한 번도 못 했잖아. 딱 삼십 분만 하고서 숙제해야지.'

"이히히! 그래그래, 바로 이거야."

게임에 푹 빠진 담이는 시간 가는 줄을 몰랐다. 그렇게 게임 삼매경에 빠져 있는데 갑자기 금이가 달려와 막무가내로 비집고 껴들었다.

"오빠, 빨랑 비켜. 나도 게임할 거야."

"어유, 이 골칫덩어리!"

무엇이든 맛있는 걸 먹을 때도 그렇지만, 특히 컴퓨터 게임을 할 때는 왜 이렇게 금이가 심술딱지처럼 보이는지…….

"조금만 기다려!"

"안 돼! 오빠 벌써 한 시간이나 했잖아."

둘이 티격태격하는 소리를 듣고 엄마가 달려왔다.

"이 녀석들이! 너희 정말 이러면 컴퓨터고 뭐고 다 갖다 버릴 거야!"

그런데 정말로 엄마가 전기 플러그를 뽑아 버린 걸까? 갑자기 퍽 하는 소리가 나더니 컴퓨터가 먹통이 되어 버렸다. 거실 등이며 텔레비전, 형광등도 모두 꺼져 버렸다.

"엄마, 이게 어떻게 된 거예요?"

"우리 컴퓨터 못 하게 일부러 그러신 거지요?"

하지만 엄마 역시 눈을 동그랗게 뜨고 고개를 갸우뚱했다.

"글쎄다, 아무래도 전기가 나갔나 본데."

창밖을 내다보니 다른 동

에는 불이 환히 켜 있는데, 담이네 동만 온통 깜깜했다. 엄마가 관리실에 연락해 보니 무슨 무슨 공사를 하느라 내일 아침까지는 전기가 들어오지 않는다고 했다. 집집마다 미리 알려 주었는데, 담이네 가족은 시골에 갔다 오는 바람에 몰랐던 거다.

아빠는 초를 찾겠다며 이 방 저 방 돌아다니다가 여기저기에 머리를 쿵쿵 들이받았다.

"어이쿠, 아야!"

아빠는 한참을 그러더니 간신히 신발장에 있는 공구함에서 손전등을 찾아냈다.

"어쨌든 밥은 먹어야겠지?"

엄마는 어두컴컴한 부엌에서 달그락달그락, 쾅쾅 요란한 소리를 내며 밥을 짓고 찌개를 끓였다. 전자레인지를 켤 수 없으니 간편하게 데우거나 조리할 수 있는 것도 일일이 가스레인지를 사용해야 했다.

"휴, 밥상 한번 차리기 힘드네."

전기가 나가니까 엄마가 밥하는 시간이 평소보다 훨씬 더 오래 걸렸다. 그동안 배꼽시계는 꼬르륵꼬르륵 쉴 새 없이 울어 댔다.

한참 뒤에야 담이네 식구는 겨우 식탁 앞에 둘러앉았지만, 온통 어두컴컴한 데다 겨우 손전등 하나를 비추고 있는 터라 여기저기 음식을 흘리고 밥그릇을 뒤엎기 일쑤였다.

"아이고, 밥을 먹은 건지 전쟁을 치른 건지 모르겠군."

밥을 먹은 다음에도 무엇 하나 제대로 할 수 있는 것이 없었다. 게임은커녕 텔레비전도 와이파이도 모두 그림의 떡이었다. 맘잡고 숙제를 하려 해도 소용없는 일……. 엎친 데 덮친 격으로 집 안 공기마저 점점 차가워지기 시작했다. 보일러 역시 전기로 작동되기 때문에 꼼짝없이 추위에 떨어야 했다.

"휴, 가끔씩 석유 떨어져도 할머니 댁이 더 낫겠다. 흙방도 있고 텔레비전도 볼 수 있잖아."

담이가 투덜거리자 금이도 맞장구를 쳤다.

"그래, 맞아. 석유가 떨어지는 것보다 전기가 나가는 게 열 배 백 배 더 불편해."

그러자 아빠가 웃으면서 말했다.

"하하하, 따지고 보면 전기도 석유로 만드는 거야."

"네에? 정말요?"

담이랑 금이는 너무나 뜻밖이라 두 눈을 동그랗게 떴다. 아빠 말씀으로는 우리나라에서 쓰는 전기 중 절반 정도가 석유와 석탄을 태워서 에너지를 만드는 거라고 했다.

"와, 석유라는 게 정말 중요하구나."

"그런데 그렇게 중요한 석유를 누가 땅속에 묻어 둔 거지?"

금이의 엉뚱한 물음에 식구들은 모두 웃음을 터뜨렸다.

아빠는 석유가 까마득히 오랜 옛날부터 서서히 땅속에서 만들어졌다면서 자세히 설명해 주었다. 알고 보니 석유는 지금으로부터 수억 년, 수천만 년 전에 살았던 동물과 식물, 미생물이 썩어서 쌓이고 뜨거운 열과 압력을 받아 만들어진 것이었다.

우리 생활에 꼭 필요한 전기

'전기'는 호박을 뜻하는 그리스어 '엘렉트론(electron)'에서 나왔어요. 기원전 6세기경 그리스의 학자 탈레스는 누런색 광물인 호박을 문지르면 동물의 털 등이 달라붙는 것을 발견했지요.
시간이 지나 학자들은 물질 안에는 음전기와 양전기가 있는데, 같은 종류의 전기는 밀어내고 다른 종류의 전기는 끌어당기는 힘이 있다는 것을 알게 돼요. 또 구리나 쇠와 같은 금속을 통해 전기를 멀리 전달할 수 있다는 것도 알게 되지요.

사람들은 이러한 전기의 성질을 이용해 여러 가지 발명품을 만들어 냈어요. 덕분에 우리는 오늘날 전기를 이용한 수많은 제품을 편리하게 사용하고 있지요.

아이고, 전기모터가 망가졌네.

으~악 한여름에 정전이라니!

에잇, 전기는 왜 나간 거야? 오늘 스타일 다 구겼네.

우리가 집에서 사용하는 컴퓨터, 텔레비전, 냉장고, 그리고 집을 따뜻하게 해 주는 보일러 역시 대부분 전기로 작동해요. 전기는 형광등에서는 빛이 되고, 다리미나 난로에서는 열이 되고, 세탁기나 청소기에서는 모터를 돌리는 힘이 됩니다.

전기는 내 밥. 밥 주세요!

전기는 어떻게 만드나요?

전기는 수력이나 화력, 원자력과 같은 에너지를 이용해 만들어요. 에너지를 이용해 전기를 일으키는 기계를 발전기, 발전기를 이용해 전기를 만들어 내는 곳을 발전소라고 하지요.

화력 발전소에서는 석탄과 석유 같은 화석 연료로 전기를 만들어요. 이러한 연료를 태울 때 나오는 열에너지가 발전기를 작동시키지요. 한꺼번에 많은 전기를 얻을 수 있다는 게 화력 발전소의 장점이에요. 하지만 석유 같은 연료를 외국에서 사야 하니 돈이 많이 들고, 연료가 타면서 공기를 오염시키는 단점도 있답니다.

원자력 발전소에서는 우라늄, 플루토늄 같은 핵연료를
원자로 속에서 연소시켜 발생한 열에너지로 전기를 만들어요.
적은 양의 연료로 많은 에너지를 얻을 수 있어 매우 경제적이지요.
하지만 전기를 만드는 과정에서 우리 몸에 해로운 방사성 폐기물이
나오기 때문에, 이것을 잘 관리하지 않으면 환경이 오염되고 사람들이
병에 걸릴 수도 있어요.

수력 발전소에서는 높은 곳에서 낮은 곳으로 떨어지는 물의 힘을
이용해 전기를 만들어요. 흐르는 물이 커다란 바퀴를 돌게 하고,
그 힘으로 방아를 찧는 물레방아와 같은 원리지요. 물의 힘으로 전기를
일으키니 환경 오염 걱정은 뚝! 하지만 커다란 하천이
있는 곳에만 발전소를 세울 수 있답니다.

꿈속에서 멋진 조종사로 변신한 담이.

와우! 환호성을 지르며 푸른 하늘을 마음껏 가로지릅니다.

어, 그런데 갑자기 비행기가 왜 이리 흔들리죠?

이런, 석유가 다 떨어졌네요!

사막에 불시착해 울고 있는 담이 앞에 외계인이 나타났어요.

꼭 오징어처럼 생긴 데다가 먹물을 뒤집어쓴 듯 시커먼 모양새가

도통 정이 가질 않습니다. 하지만 휑한 사막에는 담이와 외계인뿐.

담이는 마음을 가다듬고 오징어 외계인에게 석유를 구해 달라고 요청해요.

그러자 오징어 외계인은 텔레파시를 이용해

담이를 놀라운 세상으로 안내합니다.

얼마나 멋진 세상인지 한번 구경해 볼까요?

3

담이네 식구는 할머니 댁에서 그랬던 것처럼 모두가 한 방에 모여 두툼한 이불을 덮고 잠이 들었다. 할머니 댁에서는 기름이 떨어지고, 집에 돌아와서는 전기가 끊기고……. 두 번씩이나 그런 일을 겪었기 때문일까? 담이는 참 희한한 꿈을 꾸었다.

담이는 직접 비행기를 조종하며 신나게 하늘을 날고 있었다.
"오호, 정말 멋진걸!"
담이는 구름 아래로 펼쳐진 그림지도 같은 세상을 내려다보며 환호성을 질렀다. 정말 정말 유쾌 상쾌 통쾌한 것이, 눈썰매나 특급 열차를 타는 것보다 훨씬 신났다.

"자, 어디 한번 전속력으로 날아 볼까?"

담이는 점점 더 속도를 냈다. 비행기는 쏜살같이, 아니 그야말로 총알같이 빠르게 구름 사이를 뚫고 허공을 가르며 쌩쌩 날아갔다.

얼마나 그렇게 날아갔을까? 갑자기 삑삑삑삑 요란한 소리가 나더니 천장에 붙은 빨간 등이 정신없이 깜빡거렸다.

"앗, 무슨 일이지?"

담이는 눈을 크게 뜨고 이리저리 살펴보았다. 연료를 나타내는 계기판 바늘이 맨 아래쪽 빨간 눈금을 가리키고 있었다.

"헉, 연료가 다 떨어졌잖아!"

깜짝 놀란 담이는 마이크에 대고 고래고래 소리를 질렀다.

"본부 나와라, 본부! 연료가 떨어졌다. 어서 와서 도와주기 바란다!"

담이는 비행기에 기름이 떨어지면 연료를 실은 비행기가 날아와 파이프를 이용해 하늘에서 공중 급유를 한다는 걸 알고 있었다. 하지만 아무리 펄쩍펄쩍 뛰고 소리쳐도 아무런 응답이 없었다.

그러는 사이 비행기는 서서히 속도가 떨어졌고, 이내 중심을 잃고 비틀거리기 시작했다.

"으아악, 안 돼!"

담이는 조종간(조종사가 비행기의 운전 방향을 조정하는 막대 모양의 장치)을 붙잡고 젖 먹던 힘까지 다해 잡아당겼다. 비행기가 추락하기 전에 어디든 내려앉아야 할 것 같았다. 아래를 보니 다행히도 바다나 산이 아닌 사막이었다.

"오오, 하느님 부처님 천지신명님! 제발 담이를 살려 주세요."

담이는 두 눈을 질끈 감았다.

잠시 뒤 비행기는 쿵쿵 소리와 함께 심하게 덜컹거리며 모래 언덕에 닿았고, 어디론가 한참이나 미끄러지다가는 곧 우뚝 멈춰 섰다. 그제야 담이는 눈을 뜨고 창밖을 내다보았다.

"휴, 살았다!"

담이는 정신을 가다듬고 일단 비행기 밖으로 나가 보았다. 그곳엔 드넓은 사막이 펼쳐 있었다. 햇볕은 뜨겁게 내리쬐고, 모래바람은 쉴 새 없이 불어오고, 몇 걸음만 걸어도 발이 모래 속으로 푹푹 빠졌다.

"여기 누구 없어요? 도와주세요. 사람 살려요!"

한참을 소리쳐 보았지만 사방은 쥐 죽은 듯 고요할 뿐이었다.

"아아, 난 이제 꼼짝없이 죽게 되나 봐. 어떡하면 좋아?"

담이는 그 자리에 털썩 주저앉았다. 사막은 밤과 낮의 온도 차이가 엄청나서 밤이 되면 무척 춥다는 얘기를 들은 적이 있다. 그런데 담이한테는 따뜻하게 불을 밝힐 기름 한 방울 없었다. 더구나 먹을 것도 없고 물도 없었다.

"엉엉, 엉엉엉엉……."

담이는 뼈만 남아 아무렇게나 모래 위를 뒹구는 자기 모습을 떠올리다가, 그만 울음을 터뜨리고 말았다.

그런데 바로 그때였다. 어디선가 서걱서걱 모래 밟는 소리가 들리는 듯싶더니 누군가 담이의 어깨를 툭 건드렸다.

"누, 누구야?"

흠칫 놀라서 돌아보니 시커먼 그림자 같은 게 우뚝 서 있었다. 모양은 꼭 오징어처럼 흐물흐물한 데다 온몸이 까매서 마치 먹물을 뒤집어 쓴 오징어 같았다.

"난 저기 저 별나라에서 지구를 구경하러 왔다, 찍."

"별나라에서? 그, 그럼 외계인?"

생김새와 달리 목소리는 부드러웠다. 게다가 말끝마다 오징어 먹물을 쏘듯 찍찍거리는 모습이 우스꽝스러웠다.

"음, 그렇지, 찍. 지구인이 볼 때는 외계인이지, 찍찍."

오징어 외계인은 모래 속에 반쯤 처박힌 비행기를 보며, 이게 도대체 무엇에 쓰는 물건이냐고 물었다.

"쳇, 비행기도 모르다니."

담이는 비행기를 타고 날아가다가 석유가 떨어져 여기에 오게 됐다고 이야기했다.

그런데 가만 생각해 보니, 외계인 역시 여기에 온 걸 보면 틀림없이

뭔가를 타고 왔을 터였다. 담이는 다짜고짜 외계인에게 말했다.

"혹시 석유 좀 있으면 도와줘. 기름이 있어야 집에 갈 수 있거든."

그러자 외계인은 흠칫 놀랐다.

"어쩐지, 찍. 지구에 오랜만에 왔는데 사방에서 온통 지독한 냄새가 나더라니, 찍. 이제 보니 지구인들이 땅속에 묻힌 석유를 캐서 쓰고 있었군, 찍찍."

외계인은 지구 시간으로 수백 년 만에 이곳에 찾아왔다고 했다. 수천 년 전에는 자기 할아버지가 왔었고, 그보다 더 먼 옛날에는 할아버지의 조상들이 다녀갔다나? 그리고 자기 나이는 지금 천 살이며, 자기가 사는 별나라에 비해 지구 시간은 수십 배나 빠르다고 했다.

하지만 담이에겐 그런 말들이 모두 알쏭달쏭하고 귀에 잘 들어오지 않았다. 이제 조금씩 날이 어두워지고 추워질 텐데, 어서 빨리 이 사막을 벗어나고 싶은 마음뿐이었다.

"그래, 알았어. 알았으니까 제발 좀 도와 달란 말이야."

담이는 다시 한번 석유가 필요하다고 말했다. 그러자 외계인은 곰곰이 생각에 잠겼다가 입을 열었다.

"음, 석유라…… 찍. 아마 이 모래 속을 깊이깊이 파 보면 나올지도 모르지, 찍찍."

그러더니 외계인은 두 사람이 밟고 있는 모래 위에 잠시 손가락을

대 보고는 말을 이었다.

"그래, 틀림없군, 찍. 이곳 3,500미터 아래에 석유가 왕창 고여 있다고, 찍찍."

아마도 이 외계인은 손가락을 무슨 탐지기나 초음파 기계처럼 사용하는 모양이었다.

"뭐야, 쳇. 그럼 나더러 지금 구덩이를 파란 말이야?"

담이가 콧방귀를 뀌자 외계인은 담이의 이마 한가운데에 손가락을 살며시 갖다 댔다. 그랬더니 조금 전 담이가 비행기를 타고 날아오면서 보았던 땅 위의 장면들이 텔레비전 화면처럼 외계인의 가슴에 나타났다.

"자, 이건 일종의 텔레파시라고 하지, 찍. 이걸로 네 기억을 들여다보는 거야, 찍."

외계인은 여러 장면들을 빠른 속도로 돌리더니 어떤 커다란 공장이 있는 부분에서 화면을 멈추었다.

"이, 이건 도대체 무슨 공장이야?"

그러잖아도 담이는 하늘 위에서 그 공장을 내려다보며 궁금했었다. 외계인은 차근차근 설명해 주었다.

"으흠, 찍찍. 그래그래, 안 봐도 훤하지, 찍. 땅을 파서 석유를 뽑아 올린 다음 이런 데서 정제하는 거야, 찍."

"정제한다고?"

"그래, 찍. 여기 이 높은 탑 같은 게 보이지? 이게 바로 증류탑이라는 건데 여기서 석유를 뜨겁게 한 다음 석유 속의 여러 성분들을 나누는 거야, 찍. 그다음엔 이리저리 뻗어 있는 관을 통해서 다른 공장들로 보내는 거지, 찍. 음, 어떤 공장이냐 하면 자동차, 세제, 화장품, 조미료, 비닐, 약 등등……. 휴, 끝도 없군, 찍찍."

그러더니 외계인은 코를 킁킁거리며 담이 옷의 냄새를 맡았다.

"그래, 이 옷 역시 석유에서 나온 성분으로 만든 거야, 찍."

"저, 정말?"

담이가 눈을 동그랗게 뜨고 되묻자 외계인이 고개를 끄덕였다. 옷이나 화장품, 사람이 먹는 약과 조미료에도 석유가 들어간다니, 담이는 놀라지 않을 수 없었다.

외계인은 화면을 탁 끄고는 한숨을 내쉬었다.

"전에 안드로메다에서 한때 잘나갔던 어떤 별하고 똑같군, 찍."

그러더니 외계인은 자기와 함께 어딜 좀 가 보자고 했다.

담이는 생각하고 말고 할 것도 없이 얼른 고개를 끄덕였다. 벌써 날이 어두워지면서 온몸이 사시나무 떨 듯 덜덜덜 떨렸다.

"자, 눈을 감아, 찍."

담이는 천천히 눈을 감았다.

그렇다면 아무 곳이나 땅을 파면 석유가 나올까요? 물론 아니에요. 땅속으로 진동을 보내거나 인공위성을 이용해 땅속 상태를 조사하지요. 바다에서도 마찬가지고요.

석유가 묻혀 있다고 판단되면, 커다란 굴착 장치를 설치하고 땅속 깊이 구멍을 뚫어 석유를 퍼 올립니다.

 돌고 도는 석유

석유를 옮기기 위해 만든 큰 터널처럼 생긴 관을 송유관이라고 해요. 석유를 담아 둘 수 있는 통을 갖춘 배는 유조선이라고 하고요. 유조선은 바닷속 바위나 산호에 부딪쳤을 때 충격을 막기 위해 이중 구조로 되어 있고, 사고가 났을 때 석유가 모두 새어 나가지 않도록 여러 개의 탱크로 나뉘어 있지요.

유조선은 일반 배보다 엄청나게 커요. 대형 유조선이 석유를 가득 실은 경우, 배 아래쪽은 바닷속에 30미터쯤 잠기게 돼요. 따라서 무척 큰 항구가 아니면 육지 가까이에 유조선을 댈 수가 없어요. 그 때문에 정유 공장과 가까운 바다 위에 '부이'라는 원유 이송 시설을 두어 그곳을 통해 원유를 송유관으로 보내고, 송유관을 지나 정유 공장으로 옮기는 거예요.
땅속에서 막 퍼 올린 석유, 즉 원유에는 여러 성분이 섞여 있어서 쓰임에 맞게 만들어야 해요.
이 과정을 '정제'라고 하는데, 원유를 정제하는 곳이 바로 정유 공장입니다.

석유를 낚으러 바다로 갈까요~

석유가 점점 줄고 있어요

석유는 연료로 쓰일 뿐 아니라, 우리 생활에 필요한 수많은 제품을 만드는 데에도 쓰여요. 경제가 발달하고 생활이 편리해질수록 더 많은 석유가 필요하지요. 한국은 세계에서 일곱 번째로 석유를 많이 쓰는 나라예요. 한국 사람들이 하루에 쓰는 석유 양은 약 3천 배럴이나 된다는데, 이건 2리터짜리 물병을 22만 개나 채우고도 넘치는 양이에요(2022년 기준). 미국은 한국의 7배나 되는 양을 쓰고 있고, 중국, 인도, 일본 등이 그 뒤를 잇고 있지요.

그러나 석유는 땅속에 한없이 묻혀 있는 것이 아니에요.
사람들이 지금처럼 석유를 쓴다면 앞으로 40~50년 뒤에는 모두
바닥날 거라고 해요. 점점 줄고 있는 석유는 전 세계적으로
큰 문제가 되고 있답니다.

한국은 더 큰 문제예요. 석유가 거의 나오지 않기 때문에
외국에서 사다 써야 하지요. 석유는 산업과 운송
분야에 주로 쓰이는데, 사람들이 점점
더 풍요롭고 편리한 생활을 원하다 보니
석유 소비량은 별로 줄지 않아요.
쓰임은 많은데 양은 한정되어 있으니
석웃값은 올라가고, 비싼 석웃값은
우리 경제를 어렵게 합니다.

이야, 오징어 외계인과 담이가 우주를 훨훨 날고 있습니다.

그런데 저 멀리 뜨거운 열기와 매캐한 냄새가 가득한 별이 보이네요.

외계인 왈, 저 별은 원래 맑고 깨끗한 곳이었는데

석유와 같은 화석 연료를 마구 사용하다가

지금은 숨쉬기조차 힘든 곳이 되어 버렸답니다.

그곳 사람들은 서로 석유를 차지하려고 전쟁까지 벌였다나요?

외계인의 말을 듣고 나니 알 수 없는

두려움이 담이의 마음을 가득 채웁니다.

'그럼, 지구에도 이런 일이 벌어지는 걸까? 우리는 석유 없이

단 하루도 살 수 없을 만큼 많은 석유를 사용하고 있는데….'

4

석유 전쟁

 외계인은 자신의 손을 담이의 가슴에 살며시 얹더니, 담이의 손을 가져가서는 자기 가슴에 댔다. 그렇게 하고서 가만히 눈을 감고 있자 아주 놀라운 일이 일어나기 시작했다.

 꿈속에서 또 다른 꿈을 꾸기라도 하는 걸까? 담이는 가슴이 아주 따뜻해지더니, 이내 그 온기가 온몸으로 퍼져 가는 것을 느꼈다. 마치 엄마 품속에 안기기라도 한 듯 마음이 너무나 편안했다.

 잠시 뒤 갑자기 어두운 동굴 속으로 들어가는 듯싶더니, 영화에서나 봤던 블랙홀 속으로 휩쓸려 들어가듯 담이의 몸이 엄청난 속도로 무언가에 빨려 들어갔다.

 "자, 이제 눈을 떠 봐."

외계인의 목소리가 들려왔다. 담이는 두근거리는 마음으로 살며시 눈을 떴다.
"우아, 세상에!"
담이는 너무 놀라 입을 다물 수가 없었다. 자기가 오징어 외계인과 함께 캄캄한 우주를 날고 있었다. 사방에 온갖 색색의 별들이 초롱초롱 빛나고, 커다란 돌덩어리들이 담이 곁을 휙휙 스쳐 지나갔다.

"어, 어떻게 내가 우주를 맘대로 날아다닐 수 있지?"

외계인은 빙그레 웃으며 대답했다.

"히히, 지구인은 우주선이나 로켓을 타고 우주로 날아가지. 하지만 그런 방법으로는 아무리 강력하고 빨라도, 이 넓은 우주를 알 수 없어."

"그, 그럼?"

"우주 곳곳을 맘껏 날아가기 위해선 우주와 하나가 되어야 해, 지금 우리처럼."

"우리처럼?"

그러고 보니 담이는 지금 외계인과 입으로 이야기를 주고받는 것이 아니라, 마음과 마음으로 나누고 있었다. 그리고 눈앞에 펼쳐진 끝없는 우주가 마치 눈을 감았을 때 보이는 마음속의 모습처럼 느껴지기도 했다.

그걸 깨달았을 무렵, 외계인이 고개를 끄덕이며 말했다.

"그래, 바로 그거야. 넌 외계에서 온 나에게 마음의 문을 열었고, 나 역시 마음의 문을 활짝 열었지. 그건 곧 모든 것을 품을 줄 아는 마음이고, 반대로 모든 것에 속속들이 깃들 줄 아는 마음이야. 또 바람에 훨훨 날아가는 깃털보다도 가

벼운 마음, 따뜻한 마음, 곧 사랑의 마음이지. 그런 마음은 이 넓은 우주에서 가장 강력한 에너지이기도 해."

담이는 무슨 말인지 알 듯 말 듯 아리송했지만, 어쨌든 우주를 이렇게 아무 장치 없이 날 수 있다는 게 너무나 즐거웠다. 담이는 새가 하늘을 나는 것보다도, 물고기가 바닷속을 헤엄치는 것보다도 훨씬 더 자유롭게 드넓은 우주 공간을 날아다녔다.

"그런데 지금 어디로 가는 거야?"

외계인은 저 멀리 보이는 회색빛의 작은 별 하나를 가리켰다.

"아까 내가 말했지? 안드로메다 은하에도 지구와 비슷한 별이 있다고. 바로 그 별이야."

두 사람은 곧 그 별에 도착했다. 지구하고는 100만 광년이나 떨어진 곳. 그러니까 만약 지구인이 우주선을 타고 왔다면 빛처럼 빠른 속도라고 해도 100만 년이 걸렸을 거다. 과연 그 별은 바다와 육지가 있고 곳곳에 생명체가 사는 것이 지구와 비슷했다.

"이곳에 사는 사람들도 지구인처럼 석탄과 석유, 가스를 캐내서 사용했지. 덕분에 아주 편리하게 생활했고, 모든 것이 빠른 속도로 발전했단다. 하지만 지금은 어떻게 되었는지 보렴."

담이는 외계인과 함께 그 별의 하늘 위를 날았다. 바다에서는 엄청난 폭풍이 쉴 새 없이 불어닥쳤고, 땅에서는 뜨거운 열기와 매캐한 냄새가 계속 올라와 눈조차 제대로 뜰 수 없었다.

"이게 다 석유와 같은 화석 연료 때문이야. 석유를 태우면 온갖 해로운 물질이 나오는데, 그것들이 하늘을 뒤덮어서 이 별 전체를 뜨거운 온실처럼 만들어 버렸지."

화석 연료 때문에 바닷물의 온도가 올라가고, 그 때문에 남극과 북극의 빙하가 녹아 버리거나 태풍이 몰아치는 등 온갖 재해가 일어났다는 것이었다. 또 점점 뜨거워진 공기 때문에 우리 몸에 해로운 태양의 자외선을 막아 주는 하늘의 오존층이 파괴되어 버렸고, 결국 사람과 동물, 식물 모두 제대로 숨 쉴 수 없는 환경이 되었다는 것이었다. 담이는 끔찍하고 무서워서 저절로 몸서리가 쳐졌다.

게다가 더욱 한심한 건 별 전체가 이렇게 망가져 가는데도, 이곳 사람들은 더 많은 석유를 차지하기 위해 서로 전쟁까지 벌였다고 했다.

"우리 별의 시간으로 따지면 모든 게 정말 순식간이었지."

그러면서 오징어 외계인은 이 별이 처음 생겨났을 때부터 지금까지를 1년으로 친다면, 사람이 생겨난 것은 겨우 12월 31일이 끝나 가는 밤 12시가 다 되어서였다고 했다. 그런데 그 잠깐 사이에 사람들은 엄청나게 수가 불어나 석유를 캐내기 시작하더니, 다른 모든 동식물들을 거의 멸종시키고 결국은 자신들까지 위험에 몰아넣었다고 했다.

"그럼, 지구에서도 여기하고 똑같은 일이 벌어지겠네?"

담이가 걱정스런 얼굴로 묻자 외계인은 고개를 갸우뚱했다.

"글쎄, 지구인들이 이 별에 사는 사람들처럼 어리석지만 않다면 또 모르지……."

담이의 머릿속에는 문득 한 장면이 떠올랐다.

언젠가 담이는 《어린 왕자》라는 책을 읽은 적이 있는데, 주인공 어린 왕자가 어른들이 사는 작은 별들을 하나하나 여행하는 이야기다. 만약 어린 왕자가 어느 별에서 석탄과 석유를 마구 먹는 괴물을 만난

다면? 그 괴물은 자기 별의 땅속에 있는 석탄을 캐내어 으적으적 씹어 먹고, 석유를 캐내어 꿀꺽꿀꺽 마시는 거다. 그러고는 좁은 별의 사방에다 콸콸콸 불을 뿜어서 나무들을 태우고, 온갖 독성이 있는 똥과 오줌을 아무 데나 싸 버리는 거다.

"괴물아, 너는 왜 석탄이랑 석유를 먹니?"

어린 왕자가 묻는다면 괴물은 아마 이렇게 대답하겠지.

"흐흐, 너무 맛있잖아. 말 시키지 마, 다 먹어 치워야 하니까."

결국 괴물은 자기 별을 온통 들쑤셔서 석탄과 석유를 먹어 치우고는, 자기가 더럽힌 공기와 물 때문에 숨이 막혀 쓰러지고 마는 거다.

담이의 생각을 읽었는지 오징어 외계인은 쓸쓸한 미소를 지었다.

"자, 난 이제 그만 내 별로 돌아가 봐야겠어."

"그, 그럼 나는? 나를 지구에 보내 주고 가야지."

담이는 외계인이 시키는 대로 다시 눈을 감았다. 그런데 두려운 마음 때문이었을까? 아까만큼 마음의 문이 활짝 열리지 않았다. 혹시나 하는 마음에 번쩍 눈을 떠 보니, 담이는 온통 뜨거운 열기가 뿜어 나오는 그 별의 땅바닥으로 곤두박질치고 있었다.

"으악, 사람 살려! 앗, 뜨거워!"

석유는 그 양이 한정되어 있고, 전 세계 석유의
절반 이상이 중동 지역에 묻혀 있기 때문에
세계 경제에 크나큰 영향을 미쳐요.

석유를 파는 나라에서 갑자기 값을 올리면, 한국처럼 석유를
사서 쓰는 나라의 경제는 흔들릴 수밖에 없어요. 석유를 사용해
물건을 만드는 회사에서는 물건을 만드는 데 드는 돈, 즉 생산비가
올라갈 테니 물건값을 올릴 수밖에 없지요. 사람들은 그 물건을
사기 위해 많은 돈을 쓸 수밖에 없고요. 이처럼 석윳값이 오르면
꼬리에 꼬리를 물고 우리 생활에 영향을 미치게 된답니다.

석유가 나오는 산유국 중 몇 나라는 오펙(OPEC, 석유 수출국 기구)이라는
기구를 만들어 석윳값을 함께 결정해요. 이 나라들이 한꺼번에
가격을 올리면, 석유를 사 오는 나라들은 경제에 큰 타격을 입지요.
석유가 필요한 나라들이 하나의 산유국과 친밀한 관계를
맺기 위해 경쟁을 벌이기도 하고, 석유를 차지하기 위해 나라 간에
전쟁이 일어나기도 합니다.

하나뿐인 지구가 아파요

석윳값이 오르는 것보다 더욱 심각한 문제가 있어요. 그건 바로 우리의 생활 터전인 지구가 환경 오염으로 병드는 거예요. 지구는 낮에 받은 태양의 열을 밤사이에 우주로 내보내요. 이 때문에 항상 일정한 온도를 유지할 수 있지요. 그런데 공기 중에 이산화탄소가 너무 많아지면, 태양의 열이 빠져나가지 못해 지구의 온도가 점점 올라가게 돼요.

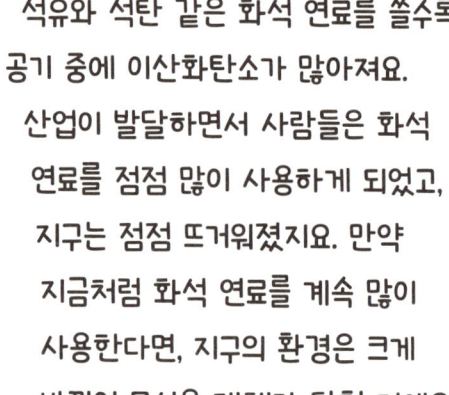

석유와 석탄 같은 화석 연료를 쓸수록 공기 중에 이산화탄소가 많아져요. 산업이 발달하면서 사람들은 화석 연료를 점점 많이 사용하게 되었고, 지구는 점점 뜨거워졌지요. 만약 지금처럼 화석 연료를 계속 많이 사용한다면, 지구의 환경은 크게 바뀌어 무서운 재해가 닥칠 거예요.

지구가 뜨거워지면 바닷물의 온도가 올라가요. 그러면 남극과 북극의 얼음이 녹아서 바닷물의 높이도 올라가고, 우리가 살고 있는 육지가 바다에 잠기는 무시무시한 일이 생길 수도 있어요.

뜨거워진 바닷물은 태풍을 일으키기도 해요. 태평양 바닷물의 온도가 평소보다 0.5도 이상 올라가 6개월 이상 계속되는 것을 '엘리뇨'라고 하는데, 이 때문에 육지에는 엄청난 양의 비가 내려 큰 피해를 입게 되지요.
한여름에 눈이 내리고 봄가을에 찜통더위가 닥치는 등 이상한 날씨가 나타나는 것을 '기상 이변'이라고 하는데요, 이 또한 환경 오염 때문에 일어납니다.

아무 생각 없이 컴퓨터며 텔레비전을 켜 놓고 놀다가

엄마에게 한바탕 꾸중을 들은 담이.

곰곰이 생각해 보니 자신의 모습이 너무 부끄럽습니다.

자, 그러면 이제 정신 똑바로 차리고

에너지 절약을 위한 길을 살펴볼까요?

석유 대신 옥수수기름으로도 자동차가 달릴 수 있다는데….

지구를 아프게 하지 않는

에너지는 무엇이 있는지 공부해 봐요.

건강한 지구, 우리가 만들어요!

담이는 깜짝 놀라서 벌떡 일어났다.

"휴, 꿈이었구나!"

안도의 한숨이 절로 나왔다. 밤새 두꺼운 이불을 덮고 잤더니, 아침이 되어 전기가 들어오고 보일러가 돌아가면서 온몸이 땀에 흠뻑 젖어 있었다.

담이는 방금 꿈속에서 만났던 오징어 외계인과 여러 가지 장면들을 떠올렸다. 아무리 꿈이라지만 하나하나가 너무도 생생했다. 아침밥을 먹으면서 식구들에게 꿈 이야기를 들려주었더니, 엄마가 갑자기 깔깔 웃었다.

"우리 담이가 어제 아빠 얘기를 듣고 자더니 꿈을 꾸었구나."

그러고 보니 어젯밤 아빠 옆에 누워서 들었던 이야기들이 떠올랐다. 사람들이 어떻게 석유가 있는 곳을 알아내고, 어떻게 퍼 올려서 우리나라에 들여오는지, 그리고 정유 공장에서는 어떻게 석유를 여러 공장으로 보내는지……. 그러던 중 석유에서 나오는 나쁜 물질 때문에 지구가 오염된다는 이야기를 듣다가 어렴풋이 잠이 들었던 거다.

"하하하, 아빠가 말한 걸 꿈에서 한 번 더 복습한 셈이네. 어쨌든 그것 참 멋진 상상인걸."

아빠는 흐뭇한 듯 크게 웃으며 출근 준비를 서둘렀고, 엄마는 이렇게 말해 주었다.

"아무튼 떨어지는 꿈을 꿨으니까 키도 조금 컸을 거야."

뭐든지 먹는 걸 좋아하는 금이는 밥숟가락을 놓고도 입맛을 쩝쩝 다셨다.

"아, 갑자기 오징어가 먹고 싶네."

그날 아침 학교에 가던 담이는 자동차들이 도로에 빽빽하게 들어찬 것을 보았다. 길이 막혀서 모든 차들이 엉금엉금 기어갔고, 꽁무니로는 쉴 새 없이 매연을 뿜어냈다.

"으, 냄새!"

담이는 숨이 콱 막히는 것만 같았다.

겨우겨우 학교에 가니 월요일이라 교장 선생님의 아침 조회 말씀이 있었다. 겨울철이라 교실마다 난로와 온풍기를 돌리는데, 실내 온도를 너무 높게 하면 도리어 건강에 해롭다는 말씀을 하셨다. 게다가 에너지를 아끼지 않고 석유나 전기를 펑펑 쓰는 것은 자원 낭비며, 지구를 오염시키는 일이라고도 하셨다.

다른 때 같으면 '에이, 또 잔소리!' 하고 투덜거렸을 텐데, 그날따라 담이는 선생님 말씀이 귀에 쏙쏙 들어왔다.

'그래, 맞아. 정말 그래.'

담이는 몇 번이나 고개를 끄덕였다.

하지만 깨달음도 잠시, 집으로 돌아온 담이는 며칠 동안 못 한 게임을 한꺼번에 해치우려는 듯 재빨리 컴퓨터로 달려들었다. 자동차 경주며 이종 격투기며 신나게 게임을 하고, 친구들과 메신저로 수다도 떨었다. 마침 엄마가 금이를 데리고 시장에 갔기 때문에, 혼자서 전기난로까지 켜 놓고 땀을 뻘뻘 흘리며 게임에 빠져들었다. 만화 영화를 보느라 켰던 거실 텔레비전 역시 계속 켜 놓은

채 말이다.

한참 만에 장을 보고 돌아온 엄마는 발칵 화를 내며 소리쳤다.

"아니, 이 녀석이! 텔레비전에다 등까지 다 켜 놓고, 집 안이 이렇게 후끈후끈 한데 난로까지! 게임은 또 몇 시간째 하는 거야?"

그제야 담이는 자기도 모르게 쓸데없이 전기를 펑펑 쓰고 있다는 걸 깨달았다.

"쯧쯧, 암튼 습관이란 게 무섭다니까."

정말로 담이는 한여름이면 선풍기에 에어컨, 심지어 냉장고 문까지 열어 두곤 했었다. 엄마는 담이가 쓸데없이 컴퓨터를 켜 두거나 학용품을 아껴 쓰지 않으며, 음식을 남기는 나쁜 버릇까지 있다고 꾸지람을 했다. 엄마의 잔소리가 좀 심한 것 같았지만, 생각해 보면 모두가 맞는 말이어서 담이는 한마디도 하지 못했다.

'그래, 내가 또 깜빡했어.'

그날 이후 담이는 사용하지 않는 전기 플러그가 꽂혀 있으면 그냥 지나쳐지지가 않았다. 석유를 사용하는 자동차, 플라스틱 제품에도 유심히 눈길이 갔다. 그리고 선생님이나 어른들이 왜 그렇게 대중교통을 이용해야 하고 쓰레기를 줄여야 한다고 강조하는지 조금씩 알 것 같았다.

'그런데 참 이상하지?'

어느 날 문득 담이의 머릿속에 한 가지 의문이 생겼다.

'석유나 석탄은 지구를 오염시키는 데다 몇십 년 뒤면 모두 바닥난다는데, 이렇게 계속 써도 되나? 석유나 석탄을 대신할 다른 에너지를 만들어야 하지 않나?'

그날 저녁 아빠에게 묻자, 아빠는 함께 컴퓨터 앞에 앉아 인터넷에 접속했다. 그러고는 검색창에 '대체 에너지'라고 썼다.

"자, 봐라. 석유나 석탄 말고 원자력으로도 전기를 만들고 있어."

하지만 아빠는 원자력으로 전기를 만들 땐 우리 몸에 좋지 않은 물질이 나오기 때문에, 잘못 관리하면 큰 피해를 입을 수도 있다고 했다. 게다가 원자력에 쓰이는 원료 역시 다른 나라에서 사들여 와야 하고, 오랜 세월이 지나면 모두 바닥날 거라고 했다. 또 다른 사이트에 가 보니 바람을 이용한 풍력 발전, 태양의 뜨거운 열을 이용한 태양력 발전, 수소 에너지를 이용한 발전 등이 지금도 한창 개발되고 있다고 했다.

하지만 그 어떤 것도 석유처럼 여러 곳에 두루 쓰이는 연료는 없는 것 같았다. 석유는 담이가 쓰는 플라스틱 의자와 크레용, 가방, 장난감, 신발 따위를 만드는 데도 쓰이니까 말이다. 아마 석유가 없다면, 사람들은 거의 다 옷을 훌렁 벗고 아프리카 원주민처럼 살아야 할지도 모른다.

아빠는 석유와 관련된 뉴스를 검색하다가 혀를 끌끌 찼다.

"쯧쯧, 석유를 서로 차지하려고 눈에 불을 켜고 있군."

담이는 덜컥 겁이 났다. 꿈속에서 보았던 별이 생각났다.

"헉! 이러다가 전쟁이라도 일어나면 어떡하지?"

하지만 아빠는 또 다른 뉴스를 보면서 눈을 동그랗게 떴다.

"정말 신기하다! 옥수수기름이나 콩기름으로도 자동차를 달리게 할 수 있네."

"네? 뭐라고요?"

담이는 식용유를 자동차에 넣는다고 생각하니 뭔가 이상했다. 하긴 식용유나 석유나 기름은 기름이니까 상관없나?

아빠는 기사를 다 읽고 나서 차근차근 설명해 주었다. 기계 연료로 쓰이는 옥수수기름이나 콩기름은 우리가 먹는 식용유와는 다른 것으로 '바이오 에너지'라고 부른다고 했다. 옥수수나 콩뿐 아니라 밀, 보리, 고구마, 사탕수수, 심지어 소나 돼지의 오줌똥으로도 만들 수 있다고 했다. 지금 연구가 한창이고, 어떤 것은 실제로 쓰이고 있단다. 정말이지 세상 모든 나라에서 석유 대신 이런 바이오 에너지를 사용한다면 환경 오염도 없고, 에너지 때문에 전쟁이 일어날 일도 없을 것 같았다. 이런 식물이나 동물은 언제까지나 다시 심거나 키울 수 있는 것들이니까 말이다.

"하! 내가 왜 진작 그 생각을 못 했을까? 그럼 혹시 아빠 콧기름이나 내 방귀로도 연료를 만들 수 있지 않을까?"

담이가 고개를 갸우뚱하자, 아빠가 담이 얼굴에 콧기름을 쿡쿡 찍어 바르는 시늉을 했다.

"으악, 지저분해요!"

담이가 후다닥 거실로 뛰쳐나가자 아빠가 크게 웃음을 터뜨렸다.
"하하하! 아빠 콧기름이 정말 쓸 만한걸. 담이한테 발랐더니 저렇게 쌩쌩 달려가잖아, 하하하!"

이튿날 아침, 담이는 모처럼 운동을 하러 아파트 옥상에 올라갔다. 금이도 다이어트를 한다며 한사코 따라왔다.

'풋, 먹을 거만 보면 득달같이 달려가는 네가 살을 뺀다고?'

담이는 콧방귀를 뀌었다.

담이는 가슴을 활짝 펴고 크게 숨을 들이쉬어 보았다. 그날따라 하늘이 유난히 맑게 개어 있었다. 숨을 내쉬려고 고개를 숙인 담이는 발밑에 드리워진 까만 그림자를 보고 흠칫 놀랐다.

"앗!"

그러고 보니 그림자는 엊그제 꿈속에서 본 시커먼 오징어 외계인과 비슷했다. 어쩌면 오징어 외계인이 그림자 속에 숨어 담이를 지켜보고 있는 건지도 모를 일이었다.

담이는 문득 오징어 외계인이 한 말이 떠올랐다.

"우주에서 가장 강력한 에너지는 바로 사랑의 마음이야."

담이는 오징어 외계인이 말한 사랑의 마음이 아마도 지구를 건강하게 만들기 위해 노력하는 사람들의 마음일 거라는 생각이 들었다.

새로운 에너지를 찾아라!

석유는 오늘날 우리 생활에 꼭 필요한 에너지예요. 하지만 언젠가는 모두 없어질 수밖에 없어요. 게다가 환경을 크게 오염시키고요. 이 때문에 과학자들은 석유나 석탄을 대신할 새로운 에너지를 찾고 있어요. 이러한 에너지를 '대체 에너지' 또는 '그린 에너지'라고 부른답니다.

내가 태양 에너지를 쭉쭉 빨아들여 전기도 만들어 내고 집도 따뜻하게 해 주지.

히히, 바람은 내 친구! 바람 때문에 난 멋지게 돌고 돌 수 있지.

나무의 뿌리나 줄기에서 뽑아낸 성분을 이용하는가 하면,
물과 바람, 햇빛 등을 이용한 에너지도 쓰이고 있어요.
이러한 에너지는 고갈될 염려가 없고, 자연을 병들게 하지 않아
사람과 자연이 모두 건강하게 살 수 있도록 해 주지요.

물속에 있는 수소를 이용해 에너지를 만들 수도 있어요.
수소는 쉽게 탈 뿐 아니라 오염 물질을 내뿜지 않지요. 현재 수소를
연료로 이용하는 자동차나 수소 전지 등이 만들어지고 있어요.
하지만 수소를 더욱 안전하고 편리하게 사용하는 방법을
개발하기 위해서는 아직도 많은 연구가 필요해요.

세계가 하나 돼요

지구를 건강하게 하기 위해 우리가 할 수 있는 일은 무엇일까요?
알게 모르게 솔솔 새 나가고 있는 에너지를 절약하는 게 우선일 거예요.
학교나 학원에 갈 때 승용차 대신 버스를 타고 가 보세요. 자전거를
타거나 걸어가면 더 좋고요. 또 춥다고 혹은 덥다고 무조건 온풍기나
에어컨을 켜지 말고, 옷을 도톰히 입거나 선풍기를 켜 보세요.
그런 다음 온풍기나 에어컨을 켜면 조금만 틀어도 될 거예요.
조금 귀찮아도 종이컵과 비닐봉지 같은 일회용품을 사용하지 않고,
플라스틱과 종이 등을 재활용하는 것도 중요하지요.
또 공책이나 지우개 같은 학용품을 아껴 쓰는 것도 에너지를
절약하는 길이에요.

깨끗한 지구를 만드는 일은 나 혼자만 잘해서 이룰 수
있는 일이 아니에요. 나와 우리 가족, 친구들, 그리고
지구에 사는 모든 사람들이 노력해야 하는 일이지요.
실제로 세계 여러 나라 사람들이 모여서 환경 보호 단체를
만들고 병든 지구를 되살리기 위해 다양한 활동을 하고 있어요.
화석 연료의 사용량을 줄이기로 나라들끼리 약속도 하고요.
'다른 사람들이 애쓰고 있으니, 나는 아무렇게나 해도 괜찮아.'
하는 생각은 금물! 오늘부터 건강한 지구를 만들기 위한
작은 일들을 하나하나 행동에 옮겨 보세요!